AF603065

M. LIONNET

ANCIEN PROFESSEUR DE MATHÉMATIQUES
AU LYCÉE LOUIS LE-GRAND
FONDATEUR DE L'ASSOCIATION PHILOTECHNIQUE

PAR

C. A. SALMON
Conseiller honoraire à la Cour de cassation
Correspondant de l'Institut

PARIS
IMPRIMERIE A. L. GUILLOT ET A. JULIEN
7, RUE DES CANETTES, 7

1886

M. LIONNET

M. LIONNET

ANCIEN PROFESSEUR DE MATHÉMATIQUES
AU LYCÉE LOUIS-LE-GRAND
FONDATEUR DE L'ASSOCIATION PHILOTECHNIQUE

PAR

C. A. SALMON
Conseiller honoraire à la Cour de cassation
Correspondant de l'Institut.

PARIS
IMPRIMERIE A. L. GUILLOT ET A. JULIEN
7, RUE DES CANETTES, 7

1886

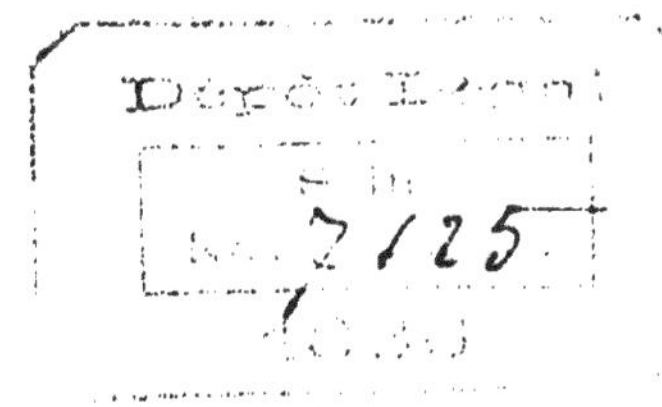

A Madame Marie Lionnet

et à Monsieur Jean Lionnet

mes filleuls

C. A. SALMON

M. LIONNET

..... Défendez-vous au sage
De se donner des soins pour le plaisir d'autrui?

(LA FONTAINE. *Le Vieillard et les trois jeunes hommes.*)

Il y a quelques mois, le plus humble des convois et le plus modeste des cortèges conduisait à sa dernière demeure un homme de bien, un professeur habile, un savant d'un ordre élevé, qui venait de terminer, aux confins de l'extrême vieillesse, une vie remplie par le travail, l'étude et le dévouement. Il avait goûté toutes les nobles jouissances qu'ils peuvent procurer; quant à celles qui viennent de la fortune, il ne paraissait pas être venu au monde pour faire connaissance avec elles, et l'on peut dire que, grâce à la simplicité de ses goûts et de ses habitudes, grâce surtout à la forte discipline de l'âme et de la raison, qui avait réglé chez lui les besoins dans les rigoureuses limites du nécessaire, il ne devait pas lui en coûter beaucoup de s'en passer. Tout cela ne fait pas qu'il soit mort ignoré : les livres que le professeur a publiés pour enseigner la science à cette portion de la jeunesse qui est destinée à peupler nos écoles spéciales, à recruter la tête de notre armée et les rangs les plus élevés des services publics; les institutions que l'ami des classes laborieuses a créées pour la vulgariser à leur profit; le bien, enfin, qu'il a fait et répandu partout en traversant la vie, défendront le nom de Lionnet de l'oubli; les œuvres de l'homme lui survivront et, pour l'honneur de notre temps, feront durer sa renommée et susciteront des imitateurs à son dévouement.

Il était dit qu'il ne ferait qu'entrevoir la fortune, et qu'il ne la posséderait point; cependant, elle semblait lui avoir souri le jour de sa naissance; elle ne tint pas ses promesses. Le père et la mère d'Eugène sortaient à peine de l'adolescence quand ils s'étaient mariés; l'un avait vingt ans, l'autre n'en comptait pas quinze et tous deux étaient en possession d'un avoir qui, dans les rangs de la bourgeoisie auxquels ils appartenaient, pouvait être regardé comme une solide aisance. En jouir paisiblement, sans souci de l'avenir et sans compter, leur tint d'abord lieu d'état; ils ne pouvaient y suppléer par une expérience et une sagesse qui n'étaient point de leur âge. Ils ne commettaient ni folies ni prodigalités, mais ils ne s'aperçurent qu'un peu tard qu'en même temps que leur fortune s'en allait, la famille était venue et qu'il fallait l'élever. Ils songèrent alors au commerce de vins en gros et lui demandèrent de ramener l'aisance au logis par un emploi utile de ses restes: au lieu de leur rendre la prospérité, ce commerce consomma leur ruine.

Ils eurent trois enfants; l'aîné, François-Joseph, qu'on ne connut jamais que sous le surnom d'Eugène et qui est celui dont nous nous occupons, est né le 9 décembre 1805, à Nancy, où demeuraient alors ses parents; le second, une fille, y est né peu d'années après lui; ils avaient l'un dix ans et l'autre sept ou huit de plus que leur frère Étienne-Napoléon, le dernier venu au monde. Celui-ci eut, comme son frère, un surnom, celui de Léon, qu'il porte encore et sous lequel il est généralement connu. L'affection et la nécessité le voulaient, Eugène lui tint lieu de père dans les épreuves par lesquelles passèrent leur jeunesse et presque toute leur vie.

Après la perte de leur fortune, M. et Mme Lionnet ne pouvaient plus habiter Nancy. Leurs affaires liquidées et toutes leurs dettes acquittées jusqu'au dernier sou, ils se réfugièrent à Saint-Nicolas-de-Port, petite ville située à quelques lieues de celle qu'ils quittaient, pour vivre de leur travail et à meilleur marché.

Le chef de la famille mourut à la peine et Eugène n'avait pas accompli sa seizième année qu'il était resté à peu près l'unique soutien de sa mère et de son jeune frère. Sa sœur l'avait, pendant quelque temps, aidé dans l'accomplissement de cette tâche, puis elle s'était mariée à un professeur et n'avait plus songé qu'à l'entretien de son propre ménage.

Eugène avait commencé ses études secondaires auprès d'un prêtre, M. l'abbé Trouel, qui avait ouvert à Saint-Nicolas une petite institution dans laquelle il conduisait ses élèves jusqu'aux classes d'humanités. Quand il perdit son père, il était donc déjà pourvu d'une certaine instruction; le plus pressant pour lui n'était pas de continuer ses classes, mais de gagner quelque argent pour en faire vivre la famille dont il était devenu le chef et le soutien. Il entra d'abord, en qualité de commis aux écritures, plutôt qu'à la vente, dans une grande maison de mercerie et de quincaillerie, la maison Carré, qui était renommée, non seulement à Nancy, où elle avait son siège, mais encore dans tout le pays, pour la magnificence de son installation, la variété de ses approvisionnements et le chiffre considérable de ses affaires. Il passa de là, avec un titre à peu près pareil, au service d'un fabricant, à Augecourt, dans les Ardennes; il n'y tint pas davantage : il n'était pas dans sa voie et ne suivait pas sa vocation. Il revint à Nancy, si ce n'est pour l'y chercher de nouveau, du moins pour se rapprocher de sa famille et y trouver un peu plus de ressources, afin de l'aider à vivre. Grâce à l'intervention de son oncle, M. Henriot (1), il entra chez M. Hæner, imprimeur, en qualité de compositeur, de correcteur et même de prote. Son patron, homme excellent (2), comptait des années; il parlait même déjà de sa retraite, et avec un peu d'ambition, Eugène Lionnet pouvait rêver de lui succéder; mais il songeait plutôt à mettre les livres à profit pour l'étude qu'à les mettre au jour pour le public. Il quitta la typographie et entra comme maître adjoint dans l'institution de M. Maggiolo. Il y gagnait bien quelque argent, mais pas assez pour se mettre en état de poursuivre ses études au collège royal de Nancy, en même temps que l'obtention des

(1) Le fils de celui-ci, M. Eugène Henriot, a été l'ami intime d'Eugène Lionnet; il a, comme Procureur général à la Cour d'Alger, préparé l'application de notre législation et particulièrement de nos codes, à l'Algérie; il a laissé à la Cour de cassation dont il faisait partie, la réputation d'un magistrat d'une haute valeur, et doté notre littérature d'un livre d'une érudition à la fois solide et piquante sur les mœurs juridiques et judiciaires de l'ancienne Rome.

(2) M. Hæner avait reçu de Louis XVI la croix de Saint-Louis pour avoir, lors de l'insurrection de la garnison de Nancy, en août 1790, sauvé au péril de sa vie, celle du jeune et généreux Désilles qui mourut, quelques jours après, des suites de son noble dévouement.

baccalauréats ès-lettres et ès-sciences, et d'appeler auprès de lui son jeune frère, pour s'occuper de son éducation. Il prit donc la résolution d'achever son année dans l'institution qui avait bien voulu accepter ses services, mais d'aller ensuite, à la rentrée des classes, s'établir dans le voisinage du collège de Nancy avec ce jeune frère auquel il songeait autant qu'à lui-même, afin de suivre tous les deux en même temps, les classes de ce grand établissement. Il se tint parole. La rentrée ouverte, il loue dans la rue de la Hache une petite chambre sans poêle ni cheminée, s'y installe avec son frère et se fait inscrire avec lui chez l'économe du collège, pour en fréquenter les cours en qualité d'externes.

Leur vie était organisée sur le pied le plus modeste; mais il y avait là un budget aux exigences duquel il fallait, cependant, pourvoir; pour le faire, Eugène Lionnet se mit au service du cadastre et consacra une partie de ses nuits à faire des copies ou à dresser des états pour les arpenteurs qui y étaient employés. Sur les ressources que lui procurait ce travail, il lui restait, son loyer payé, de trente à cinquante centimes par jour pour la nourriture et l'éclairage de deux personnes. A l'échéance du trimestre, il ne trouvait pas toujours de quoi acquitter la rétribution collégiale; mais l'économe, qui apprit indirectement sa gêne, ne le pressait pas et lui donnait du temps pour se libérer. Il arriva même un jour qu'il refusa le montant de sa dette, et qu'il avertit le débiteur qu'à l'avenir il n'eût plus à s'en occuper, qu'il y avait été pourvu par une personne qui entendait rester inconnue.

Le collège royal avait alors pour proviseur M. l'abbé

Menjaud, qui devint plus tard coadjuteur et ensuite évêque de Nancy. Il connut la position d'Eugène Lionnet et y prit un vif intérêt. C'est à cette époque qu'un homme qui était en possession d'une très grande fortune et qui occupait un poste élevé dans la magistrature perdit son fils unique, jeune homme doué des plus heureuses facultés, déjà engagé dans les fonctions publiques et naturellement destiné à recueillir son héritage; dans sa douleur, il songeait à le remplacer par l'adoption : on dit qu'il confia son projet au proviseur du collège royal. Celui-ci entra dans ses vues, appela près de lui le jeune élève qui se montrait si appliqué au travail et si dévoué pour son frère, et lui proposa d'entrer dans cette famille pour la relever, en consentant à prendre son nom et en même temps à recevoir sa fortune; il ne négligea pas de lui faire entrevoir qu'il trouverait, dans cet échange de famille, le moyen de soutenir la sienne. Eugène Lionnet fut touché, mais non séduit par cette proposition, et tout en témoignant, en termes émus, sa reconnaissance au protecteur bienveillant qui la lui faisait, il la déclina en donnant simplement pour raison qu'il ne pouvait renoncer à un nom qui était sans éclat, mais que son père avait honnêtement porté, et qu'il n'avait lui-même qu'un moyen de l'honorer, c'était de le porter comme avait fait celui qui le lui avait transmis.

Les deux frères, une fois installés dans leur petite chambre, se mirent à suivre les classes du collège royal, le plus jeune pour continuer les études latines qu'il avait déjà commencées à Saint-Nicolas auprès de M. l'abbé Trouel, l'aîné pour reprendre et achever celles qu'il avait faites à peu près à moitié. Il y fit en même temps, sous M. Henriot, qui devint plus tard inspecteur d'académie, son cours de mathématiques élémentaires.

L'année suivante, il entra en mathématiques spéciales sous M. de Caumont : inutile de rappeler ici la valeur de ce professeur éminent et les succès qui avaient valu à son enseignement une si grande renommée. Trois maîtres, en Lorraine, se partageaient alors l'estime du public et la vogue pour l'enseignement des mathématiques spéciales, c'était au collège royal de Metz, M. Lesage, à celui de Nancy, M. de Caumont, et au collège municipal de Pont-à-Mousson, M. l'abbé Lalliette; nul peut-être, après les professeurs des principaux collèges de Paris, ne faisait, tous les ans, admettre plus d'élèves qu'eux à l'École polytechnique.

M. de Caumont était non seulement le maître, mais il était encore le père et l'ami des siens. La méthode qu'il employait avec eux répondait aux sentiments qu'éveillaient chez lui pour eux de pareils titres, c'était la méthode socratique; il la pratiquait avec un art merveilleux, habituant l'élève par d'habiles interrogations à faire sortir par voie de déduction, des principes d'abord clairement exposés, leurs conséquences et leurs applications; il la complétait en associant deux par deux ses élèves pour travailler ensemble hors de la classe, et, en les donnant ainsi les uns aux autres pour répétiteurs et pour émules, il les amenait, par le travail pratiqué en commun, à faire porter plus de fruit à ses leçons. Les *copains*, comme les élèves des écoles le disent dans leur langage, liés de bonne heure, devenaient, d'avance, des camarades pour l'école et des amis pour la vie. Ici, ils étaient bien choisis : le maître les avait pris voisins de maisons et avait associé Lionnet et de Gironcourt. Cette alliance leur avait profité : au bout de deux ans d'étude, celui-ci était reçu dans un bon rang à l'École polytechnique, et celui-là avait été envoyé, comme régent de mathématiques, au collège de plein exercice d'Épinal.

Lionnet s'y était bien vite fait la réputation d'un maître capable. En y faisant travailler ses élèves, il avait travaillé aussi pour lui-même ; dans le cours de la seconde année de son professorat, en 1828, il avait pris le grade de bachelier ès-lettres et celui de bachelier ès-sciences mathématiques.

Les résultats de son enseignement avaient attiré et fixé sur lui l'attention de l'Université. Elle l'envoya, comme professeur de mathématiques, au collège royal de Nantes.

L'année précédente, M. de Caumont avait quitté sa classe de mathématiques spéciales pour l'inspection académique dans le ressort de l'Académie de Nancy : il avait prêté sa robe à Lionnet pour aller prendre possession de sa nouvelle chaire, en Bretagne, et à peine son ancien élève y avait-il passé un an que l'inspecteur, devenu recteur, le faisait revenir en Lorraine et l'installait à Nancy, dans la chaire même sur laquelle il avait répandu un si grand lustre. Dans un billet charmant, mêlé d'une finesse délicate et d'un affectueux enjouement, il lui rappelait, pour lui en faire cadeau, la robe qu'il lui avait prêtée.

« Mon bon Lionnet, lui disait-il, vous avez bien voulu m'emprunter ma robe, aurez-vous la bonté de la garder comme un vieux souvenir de solide amitié? Qui sait! peut-être vous portera-t-elle bonheur, peut-être vous fera-t-elle recevoir beaucoup d'élèves, vous poussera-t-elle au métier d'inspecteur, de....? Mais non, restez-en à l'inspectorat, c'est là qu'est le bonheur.

« N'oubliez pas que les accessoires de la robe, toque, rabat, chausse vous appartiennent et vous me permettrez de vous les envoyer. Tout à vous de cœur.

« Votre vieil ami,

« Caumont. »

Sa robe, en effet, lui avait porté bonheur, car, dans la même année et du même coup, il avait fait recevoir bon nombres d'élèves à l'École polytechnique, entre autres, dans de très bons rangs, trois Lorrains qui lui étaient chers à bien des titres : son propre frère, Léon, le jeune Desglins auquel une origine pareille à la sienne l'avait d'abord attaché, et le jeune Rapin dont il avait dû commencer l'éducation scientifique à Épinal; tous trois, sortis dans les Ponts et chaussées, y sont devenus ingénieurs en chef, tout en participant à la construction de lignes importantes de chemins de fer.

Il garda quatre ans sa chaire au collège de Nancy; il la quitta en 1836, pour aller occuper à Paris, à titre de suppléant, une chaire de mathématiques au collège royal Louis-le-Grand. Pendant les deux premières années qu'il y passa, il prit successivement les grades de licencié ès-sciences physiques et de licencié ès-sciences mathématiques, c'étaient les titres dont il devait se pourvoir pour se présenter au concours de l'agrégation de mathématiques. Il s'y présenta, en effet, en 1839, en sortit triomphant et fut envoyé comme professeur de mathématiques spéciales au collège royal de Metz, un de ceux où ces études étaient les plus fortes et qui faisaient recevoir le plus d'élèves aux écoles spéciales.

De ce collège, il fut appelé en 1840 au collège Stanislas et en 1841 à celui de Louis-le-Grand, dans lequel il rentrait pour ne plus en sortir qu'en 1866, en prenant sa retraite.

En quittant les fonctions si actives du professorat universitaire, il en avait conservé d'autres qui ne l'étaient guère moins, celles d'examinateur d'admission à l'École navale qu'il a remplies pendant trente-deux ans, d'abord comme adjoint, ensuite comme titulaire.

A ce professorat officiel qu'il exerçait pour l'État, il en joignit, de bonne heure, un autre que sa volonté s'imposa, pour obéir, sans éclat et sans réclame, à l'inclination qu'une âme ferme et la dure expérience des épreuves de la vie lui inspiraient pour ceux que la nécessité condamnait comme lui à les subir. En 1840, il entra dans l'Association polytechnique, que M. Perdonnet avait fondée avec le concours d'anciens élèves de l'École polytechnique, de professeurs des collèges de Paris, de chefs d'institutions et de professeurs de ces établissements, pour donner l'instruction littéraire et l'instruction technique aux ouvriers, employés et commis à qui elles faisaient défaut pour l'exercice de leurs professions. Il y enseignait une fois par semaine, et sans jamais se faire remplacer par un suppléant, l'arithmétique, la géométrie ou l'algèbre, avec un succès que prouvait le nombre des auditeurs qui se pressaient à son cours, du jour de son ouverture jusqu'à celui de sa clôture. Il exerçait déjà, depuis huit années, ce ministère de haute et intelligente philanthropie, avec l'exactitude ponctuelle qu'il apportait à l'accomplissement de tous ses autres devoirs, lorsque, peut-être sous l'influence des événements politiques qui venaient de s'accomplir en février 1848, l'accord qui règnait entre les membres de l'Association polytechnique sembla se troubler; des dissentiments se manifestèrent dans l'intérieur de cette réunion d'hommes de bien qu'une communauté généreuse de vues et un égal désintéressement vouaient tous à l'accomplissement de la même œuvre, l'instruction professionnelle des ouvriers et employés de tous les états, de tous les métiers et de toutes les industries. On ne s'entendait plus et les conditions d'une entente nouvelle n'étaient pas faciles à trouver. On se sépara donc : d'un côté, les membres qui se groupèrent autour de M. Perdonnet, en conservant pour eux le titre de l'association originaire qui garantissait sa permanence; de l'autre, les professeurs des lycées, les chefs d'institutions, les professeurs de leurs établissements, des instituteurs municipaux et des hommes qui se livraient, en dehors des corporations enseignantes, à la pratique ou à l'enseignement des sciences naturelles, en firent autant. Ils prirent, en se réunissant, le titre d'Association philotechnique et mirent à leur tête Eugène Lionnet. Ils firent des recrues; la ville de Paris mit à leur disposition les salles d'une partie de ses écoles municipales, entre autres celles de la Halle aux Draps. Quelques semaines s'étaient à peine écoulées que les cours de l'association nouvelle s'ouvraient et que les élèves y affluaient, de tous les côtés. De ce moment, l'Association polytechnique eut une sœur; mais ces deux sœurs n'étaient ni rivales, ni ennemies. Elles poursuivaient le même but et marchaient côte à côte, dans des voies parallèles, pour l'atteindre ensemble, à la satisfaction de toutes deux et de leurs élèves.

M. Carnot Ministre de l'Instruction publique, consacra l'existence de l'association nouvelle en la reconnaissant ; M. de Falloux, qui fut un de ses successeurs, lui accorda sa première subvention et M. de Parieu, qui vint bientôt après lui, sa première décoration.

Du premier jour, Eugène Lionnet anima l'Association philotechnique de son esprit. Son premier soin fut d'en éloigner la politique. Dans tous les temps, les plus calmes comme les plus troublés, il s'appliqua à la faire vivre au milieu des partis, sans l'asservir à aucun. Elle ne voulait ni élire ni diriger les gouvernements : elle ne leur demandait que la protection et l'assistance communes, et leur apportait, pour les aider à maintenir la paix, les habitudes rangées et sérieuses de dix à douze mille ouvriers laborieux, ses élèves volontaires et ses auditeurs quotidiens. Elle est restée fidèle à ce qui était, pour elle, un principe, la condition essentielle de son existence, et à ce qui est devenu chez elle une tradition. Elle n'a pas pour objet de régler les convictions de ceux qui viennent écouter ses leçons, et de leur imposer un symbole quelconque ; elle a laissé à l'école le soin de former l'homme et le citoyen ; elle se borne à moraliser l'adulte, en lui apprenant à travailler et à tirer du travail des fruits plus abondants.

Ce qu'Eugène Lionnet et l'Association, dont il était la vivante personnification, se proposaient, c'était de former l'éducation technique de l'ouvrier en mettant les sciences diverses à sa portée, et de l'amener à substituer, dans l'exercice de ces mille professions qui constituent l'industrie de Paris et alimentent le monde entier de ses produits, le travail raisonné à la routine, les instruments perfectionnés aux instruments rudimentaires, et à féconder ainsi, par les données de la science, les facultés de l'esprit et la dextérité de la main. Ils ne rapetissaient ni les lettres ni la science en les vulgarisant ; il semble, au contraire, qu'ils les élevaient en mettant, par d'heureuses applications, l'emploi de leurs principes à la portée d'un plus grand nombre, et qu'ils les honoraient encore en se bornant à faire de leurs élèves non pas des savants, mais des hommes instruits, des commis capables de tenir la correspondance ou les livres d'un négociant, des chefs d'atelier intelligents et éclairés, des ouvriers et des aides habiles pour tous les métiers et toutes les professions.

Parmi les œuvres de la bienfaisance, il n'y en a pas qui soient plus dignes d'hommes de cœur et de gens de bien. Il faut placer au premier rang des savants, rien que pour des créations de cette nature, Pascal qui a inventé les plus vulgaires, mais les plus utiles des véhicules, la brouette et le haquet, et l'abbé Demandre, un curé lorrain, qui a inventé le cric.

La première année d'existence de l'Association fut marquée par des succès sur lesquels elle n'aurait osé compter. Près de douze cents auditeurs avaient suivi ses divers cours ; un nombre égal les fréquenta dans l'année qui la suivit. Aussi, ce fut avec une grande joie et une légitime fierté que, réunissant ces deux années, elle inaugura ses distributions de prix par celle qui devait récompenser les efforts et le travail des élèves, et par cela même ceux des maîtres, durant ces années d'essai. Pendant le cours de cette solennité, on rappela au Ministre de l'Instruction publique, M. de Parieu, qui avait bien voulu la présider, que, d'habitude, ses prédécesseurs, quand ils acceptaient la présidence de pareilles solennités, accordaient une croix d'honneur à un professeur des Associations qui les célébraient : le Ministre répondit, avec une parfaite bonne grâce, qu'il serait heureux de se conformer à un semblable usage, et demanda qu'on lui fît une présentation. On avertit M. Lionnet que, tenant compte de ses dix années de collaboration, tant à l'œuvre de l'Association polytechnique qu'à celle de l'Association philotechnique, de ses vingt-trois années de service dans l'Université et de la valeur des livres qu'il avait publiés pour l'enseignement des mathématiques dans ses établissements, on allait proposer au Ministre de le désigner au choix du Président de la République : il déclina obstinément une distinction qu'il avait méritée à tant de titres. C'est l'Association qu'on veut honorer dans un de ses membres, dit-il ; nous y sommes tous égaux et nous n'y valons que par la durée des services que nous y avons rendus, ainsi que dans l'Association polytechnique dont beaucoup d'entre nous ont été membres : M. Leroyer y est entré un an avant moi, c'est lui qu'il faut présenter et pas moi.

On eut beau insister, il fallut lui obéir : M. Leroyer fut décoré en 1850 ; quant à lui, il ne le fut que sept ans plus tard, en 1857.

Eugène Lionnet était arrivé, à ce moment, dans la pleine vigueur de l'âge, de ses facultés et du talent ; il conduisait de front le double enseignement dont il était chargé dans sa chaire de mathématiques pures et appliquées, au lycée Louis-le-Grand, et dans son cours à l'Association philotechnique, tenant sa classe ou donnant sa leçon, jusqu'au dernier jour de l'année, avec une exactitude et une ponctualité qui auraient pu servir de modèles, si elles n'avaient pas, en réalité, sans en rien dire, suivi les exemples de tout le monde. Ce train, il le mena, avec la même régularité, jusqu'au jour où, à la fin de l'année scolaire 1866, de profondes atteintes, portées à sa santé et à sa constitution, le forcèrent à prendre sa retraite comme professeur de l'Université. Déjà même, la cruelle maladie dont il était atteint, l'avait obligé à se faire suppléer, pendant le cours des années 1862 et 1863, dans sa chaire de l'Association philotechnique et, en 1864, à renoncer tout à fait à cette chaire.

La retraite et le repos relevèrent bientôt ses forces et lui permirent de consacrer à la chose publique et à l'enseignement, sous une autre forme, l'expérience qu'il avait acquise dans une si longue pratique. Il était devenu examinateur d'admission à l'École navale, d'abord à titre provisoire, en 1844, et plus tard à titre définitif. Il remplit cette mission jusqu'au jour où il fut atteint par la limite d'âge, en 1876.

Il a laissé dans l'Université et à l'Association philotechnique la réputation d'un professeur excellent.

remarquable par la merveilleuse clarté de la méthode qu'il employait dans son enseignement, et l'habileté ingénieuse qu'il apportait dans la tenue de sa classe pour y provoquer l'attention et y tenir constamment les intelligences en éveil. Il y faisait régner sans effort une exacte discipline, le travail et l'application. Rien n'égalait la douceur et la patience dont il usait envers ses élèves, si ce n'est l'affectueuse sollicitude avec laquelle il entrait dans leurs intérêts. Il était le père et l'ami de tous : celui à qui l'un ou l'autre aurait manqué était sûr de le trouver chez lui. A l'Association philotechnique, il recrutait pour le Lycée ou pour l'École polytechnique. Une fois le sujet connu, ses facultés mises à l'épreuve, son aptitude exactement mesurée, ses sentiments estimés à leur valeur, rien ne l'arrêtait plus; il allait à lui, et moins le sujet pouvait par lui-même, plus il s'obstinait à le faire arriver.

On se souvient encore dans les régiments du Génie qui ont tenu garnison à Metz, du sergent Clipet, un brave ouvrier que le tirage au sort avait conduit du cours de Lionnet, avec la recommandation de son maître, dans un de ces régiments. Au dire des chefs de l'école régimentaire, il y était devenu l'élève le plus fort de son temps. Cœur ferme et honnête en même temps que tête forte et solide, il était parti sergent pour la guerre de Chine : il était de ceux qui avaient pris le palais d'Été et il s'était interdit d'en rapporter le moindre petit magot. Mais il était resté en Cochinchine dans son arme, avait dressé le plan de la ville de Saïgon, préparé les lotissements pour la bâtir et élevé, comme architecte, une grande partie de ses édifices publics. La veille du jour où se célébrait la distribution des prix de l'Association philotechnique, Lionnet avait reçu de Clipet le plan photographié de la cité nouvelle que la France élevait à l'Extrême-Orient : il le met sous les yeux du Ministre de l'Instruction publique qui présidait la solennité. M. Rouland en parle avec une chaleur qui enlève les applaudissements de l'assistance, et les honneurs de la séance sont, à deux milles lieues de Saïgon, pour le sergent Clipet.

Nous l'avons dit, il était arrivé un temps où l'âge et la maladie avaient obligé Lionnet à mesurer son dévouement; il avait dû, à son grand regret, renoncer à prendre une part active à l'enseignement, dans le sein de l'Association philotechnique; mais en quittant sa chaire il y laissa ses exemples, et son zèle, toujours aussi actif, quoique ne revêtant plus que la forme du conseil et de la propagande, ne servit pas moins utilement les intérêts de l'institution. Il recrutait avec soin, parmi les professeurs de l'Université ou parmi ceux des institutions qui en dépendaient, des maîtres pour les chaires de l'Association qui pourraient en manquer ; il allait plus loin, il rêvait à l'extension des programmes et la préparait. Il travaillait aussi à établir des centres nouveaux d'enseignement dans les quartiers de Paris qui n'en étaient pas pourvus, à créer des succursales dans sa banlieue et même à en instituer, à l'exemple de la capitale, dans les villes de la province. Malgré les fatigues et la souffrance, il continuait à être l'âme de l'Association et de toutes ses entreprises; il suscitait le zèle, il soutenait les efforts, il prévenait les découragements. Sa grande affaire, c'était le choix des présidents et des secrétaires de l'Association : les uns lui donnaient un nom, la recommandaient auprès du gouvernement et de l'administration, et lui conciliaient leur bienveillance, leur assistance et leur appui; les autres tenaient, pour elle, le ménage commun, servaient d'instruments aux relations des sections entre elles, des cours avec les sections dont ils dépendaient, et aidaieut au travail, en assurant sa régularité. Dans ces circonstances délicates, son bon sens et sa calme raison lui inspiraient de sages résolutions : aussi, dans le choix qu'il préparait de loin et savait amener à point, avait-il toujours la main bonne; ces choix, qu'il suggérait, paraissaient si bien entendus qu'ils semblaient se produire d'eux-mêmes et arriver comme s'ils étaient attendus. C'est ainsi qu'il parvint à maintenir dans l'Association l'esprit dont il l'avait animée, et à créer dans sa marche et son gouvernement des traditions que chacun y prend à cœur et se fait un devoir d'observer. Petit à petit, l'âge et les infirmités l'obligèrent à se relâcber de l'action et même à y renoncer. Sans avoir l'air de s'en abstenir, sa pensée ne cessa d'y être présente, et l'on agit comme s'il dirigeait toujours.

Dans Eugène Lionnet, jusqu'ici, nous avons vu le professeur, l'initiateur et l'administrateur; il faut y voir le savant et l'écrivain didactique. J'ai pu reconnaître chez lui par moi-même les hautes et rares qualités qui y constituaient l'esprit mathématique, et en faisaient, par les travaux qu'il a exécutés et par la façon dont il pénétrait, pour s'en rendre compte, dans les conceptions des autres, un mathématicien de premier ordre; mais je préfère, pour juger ses ouvrages et en parler ici, m'en rapporter à ce qu'en dit, dans une note aussi claire que précise et détaillée, un de ses meilleurs élèves, un de ceux qu'il affectionnait le plus et qui professaient pour leur maître autant de vénération que d'attachement et de reconnaissance, M. Ribout, professeur de mathématiques spéciales au lycée Louis-le-Grand. C'est donc lui qui parlera puisque je répéterai, en réduisant un peu pour les nécessités d'une notice déjà trop longue d'elle-même, des développements qui ne retiennent rien de la sécheresse des calculs et des chiffres et qui, grâce à leur netteté et à la vive expression du langage, respirent, dans le jugement qu'ils portent des œuvres du savant, l'accent chaleureux de la vérité.

De 1842 à 1868, Eugène Lionnet publia, en 1842, une Géométrie, en 1846 une Arithmétique, en 1848 des Compléments d'arithmétique, et en 1855 une Algèbre : la géométrie, l'arithmétique et l'algèbre ont eu chacune trois éditions. Il a apporté dans la conception et dans l'élaboration de chacun de ces livres ou de ces traités les précieuses et solides qualités qui caractérisaient son enseignement oral : la précision dans les termes, la rigueur dans le raisonnement, l'ordre et la méthode dans la distribution de la matière, la suite et l'enchaînement rigoureux dans l'exposé des propositions et la sévère exactitude dans les déductions. Il n'a pas renouvelé la science, mais il en a singulièrement amélioré l'enseignement. On ne saurait dire que l'apparition de sa Géométrie fit sensation : on ne s'émeut point et on ne se passionne pas pour des théorèmes et des démonstrations, mais elle fut bientôt remarquée et elle méritait de l'être. Il avait commencé par établir toutes les propositions qui pouvaient être démontrées par le simple raisonnement, sans le secours d'aucun postulatum, et n'avait eu recours à celui d'Euclide qu'au moment où la théorie ne pouvait s'en passer. Aux démonstrations par l'absurde, il substitua, presque partout, des démonstrations directes qui ont bien plus de prise sur l'esprit. Mais ce qui distingue surtout sa géométrie, c'est le plan même de l'ouvrage et la correspondance aussi parfaite que possible, établie pour la première fois, au grand profit de l'enseignement, entre la géométrie plane et la géométrie de l'espace.

Son Arithmétique se distingue par des qualités de même nature que celles qu'on remarque dans sa géométrie : la clarté, la méthode, l'habile distribution de la matière, la lucidité parfaite des démonstrations et l'enchaînement rigoureux des déductions. La troisième partie du livre renferme un exposé nouveau de l'importante et délicate théorie des approximations numériques et y apporte de notables améliorations ; elle comprend encore, pour la division abrégée, une théorie et une règle pratique d'une simplicité extrême : aussi sont-elles aujourd'hui généralement acceptées dans l'enseignement.

Son Algèbre est aussi un grand progrès sur les traités qui régnaient dans les écoles jusqu'à sa publication ; il y introduit un nombre assez considérable de démonstrations qui frappent par leur simplicité, et de solutions qui se font remarquer par leur utile et élégante conception. Il les a, le premier, introduites dans l'enseignement, et. à raison même de leur valeur, elles y sont devenues classiques. Dans un dernier livre, il réunit, sous le titre de questions diverses, un grand nombre de théories dont beaucoup sont nouvelles ; la plus remarquable est celle où il pose les limites du nombre des divisions à faire pour obtenir le plus grand commun diviseur des nombres entiers : il l'avait déjà abordée en 1865, dans les *Nouvelles annales de mathématiques*. Toutes ces questions, étudiées avec soin, y sont exposées avec méthode ; la solution en est fournie par des démonstrations souvent originales et toujours remarquables par leur simplicité.

Eugène Lionnet a, dans la dernière édition de son Algèbre, pris une habitude qui fait honneur à son bon sens et à sa probité, et qui mériterait, à coup sûr, d'être imitée, c'est celle d'indiquer les noms des auteurs des théorèmes de quelque importance, le pays où ils ont vu le jour, l'époque de leur naissance et la date de leur mort.

Ses trois traités avaient, dès leur apparition, obtenu une grande faveur et, par la suite, dans l'enseignement, une grande autorité ; elle s'était même étendue à l'étranger. Peu de temps avant de s'éteindre, il en avait reçu un témoignage qui était fait pour le toucher ; un professeur de Vienne lui écrivait que, dans les sciences que ses ouvrages avaient pour objet d'enseigner, il ne connaissait ni dans notre pays, ni dans le sien, non plus que dans les autres contrées de l'Europe, aucun livre qui eût exposé leurs principes avec une méthode aussi bien entendue et aussi rigoureuse, et qui les eût mis dans une aussi éclatante lumière ; en lui offrant ingénuement sa photographie, il le priait de lui accorder la sienne, comme une précieuse faveur.

Depuis qu'il n'est plus, un autre témoignage de l'estime en laquelle il faut tenir le maître et ses œuvres, est venu d'Italie à sa fille et à son gendre. Le chef d'u des premières familles de l'aristocratie de ce pays (1), qui est un homme d'un grand mérite et qui emploie une bonne partie des revenus de son immense fortune à encourager les sciences et les lettres, non seulement dans sa patrie, mais encore chez les autres nations, en apprenant la mort de Lionnet, a demandé à son correspondant en France de lui adresser des notes biographiques sur ce savant, avec l'indication raisonnée des ouvrages qu'il a consacrés à l'enseignement et de ses divers autres travaux.

Eugène Lionnet veillait sur ses trois livres comme sur ses enfants ; ils étaient épuisés ; il les soignait en y pensant toujours, et il comptait les mettre en possession d'une longue vie en en publiant une nouvelle et suprême édition, revue, améliorée et complétée. Il se promettait d'y travailler plus qu'il n'y travaillait peut-être, en effet ; mais il était très difficile pour lui-même, parce qu'en pareille matière, il l'était beaucoup pour les autres : il allait lentement dans cette œuvre de révision ; il n'en était jamais content et revenait, sans cesse, sur ses pas, tout en avançant toujours un peu. Il en était pourtant arrivé à la fin de sa Géométrie ; il n'avait plus qu'à y mettre la dernière main ; la Providence ne le permit pas ; il s'éteignit avant d'avoir rendu à la lumière celui de ses livres auquel il avait le premier donné le jour, et qui pouvait servir les deux autres, en ramenant l'attention du public sur des œuvres qui avaient honoré son nom, et qui étaient si capables et si dignes de le faire vivre après lui. Il songeait, assure-t-on, à une réforme dans l'enseignement de la géométrie : son livre l'au-

(1) Le prince Boncompagni.

rait ouverte et il l'aurait justifiée par une préface. Il comptait, pour l'écrire, s'inspirer de Pascal dont les travaux et les livres étaient ses familiers.

Mais quand il formait ce projet, il ne comptait malheureusement pas avec lui-même : la géométrie n'avait pas seule ses amours; toutes les branches des mathématiques sur lesquelles il avait écrit, même celles auxquelles il n'avait touché qu'à raison de leurs relations avec les objets divers de ses recherches ou de ses méditations, ou pour satisfaire la passion que lui inspirait l'étude des sciences exactes, avaient part à ses préoccupations et devenaient souvent l'objet de ses travaux. Dans les dernières années de sa vie, son esprit s'était porté tout entier, et avec une ardeur nouvelle, vers la théorie des nombres qui avait déjà une si grande partie de sa vie, soit pour les besoins de son enseignement, soit pour la composition de ses livres. Il s'y livra à corps perdu, au point qu'il oublia sa Géométrie, son Arithmétique et son Algèbre, et n'y revint plus qu'à son heure dernière pour reconnaître que le temps est court, et qu'il ne lui en restait plus assez pour achever tout ce qu'il avait entrepris. Il faut, cependant, dire ici à sa décharge que tout celui qu'il donna à la théorie des nombres ne fut pas perdu pour la science. C'est peut-être dans la poursuite de ces études nouvelles qu'il a fait voir, par la nature et l'étendue des résultats auxquels aboutissaient tant et de si longs efforts, toute la puissance des facultés dont la nature l'avait doué; il y en avait une qui les dominait toutes, c'était celle de les absorber et de les concentrer, avec une attention, une patience et une ténacité que rien ne pouvait ni lasser ni distraire, dans l'étude des choses dont il avait entrepris la recherche et des problèmes dont il s'imposait la solution. C'était la faculté propre du calcul, portée jusqu'à sa plus haute expression. Son travail n'était ni lent ni confus, mais continu et profond ; il suffisait de le voir à l'œuvre pour s'en convaincre : son tableau noir était le principal meuble de son cabinet ; lui seul aurait pu dire les heures qu'il y passait tous les jours ; on s'en doutait bien, cependant, en voyant cette immense surface couverte, du haut en bas, de calculs à la craie. Tous ces travaux se résumaient en théories ou en théorèmes que recueillaient avec empressement les *Nouvelles annales de mathématiques*; ils s'y présentaient au public avec la clarté saisissante que leur prêtaient des solutions habilement obtenues et des démonstrations d'une merveilleuse simplicité, et passaient de là dans les livres de l'enseignement.

Dans ce qu'il écrivait, la langue dont il se servait n'était ni moins nette ni moins simple que sa parole ; il y employait, comme dans son enseignement, un langage d'où la précision des idées et la propriété des termes excluaient l'équivoque ; il n'admettait pas le synonyme où il y avait un mot propre, et ramenait doucement à septante et nonante l'élève qui, sacrifiant à l'usage, s'était laissé aller à se servir de soixante-dix et quatre-vingt-dix.

Un jugement droit et sûr lui faisait découvrir sur le champ le vice d'un raisonnement spécieux. Il y avait dans les mathématiques certaines matières pour lesquelles sa compétence était acceptée comme celle d'un maître et d'un juge infaillible. Aussi M. Jules Simon avait bien raison de dire que Lionnet était assez savant pour forcer les portes de l'Académie des Sciences; je crois même que, s'il s'y était présenté tout simplement, avec un pareil bagage, elles se seraient tout au large ouvertes pour le faire entrer. Mais il était trop modeste pour y penser et le faire. Néanmoins, il n'y était pas inconnu : les comptes rendus de ce premier des corps savants font mention de plusieurs mémoires qu'il y a présentés, notamment de deux dont la date remonte à 1870, et qui étaient relatifs au *postulatum* d'Euclide; il n'est pas probable qu'ils en offrissent la démonstration; il l'est plus, au contraire, qu'ils avaient, pour objet, de critiquer celles qui avaient été tentées vers cet époque; malheureusement il n'est pas possible de le vérifier, les originaux mêmes de ces mémoires ayant été détruits, en 1871, par un incendie, avec d'autres travaux déposés à l'Institut.

Une cruelle et douloureuse maladie, la pierre, fut le tourment des dernières années de sa vie; elle le soumit à une première opération qui s'accomplit avec un plein succès, mais qui n'en diminua pas moins la force de son tempéramment et dont les suites finirent par dégénérer pour lui en une véritable infirmité. Elle l'obligea à mettre fin à la part active qu'il prenait à l'enseignement dans le sein de l'Association philotechnique. Il rompit lui-même les derniers liens qui l'y attachaient encore, en quittant le quartier où l'Association avait son centre d'action et son siège administratif pour aller chercher, à quelques pas de son gendre, de sa fille, de son petit-fils et de son frère, dans un des quartiers les plus reculés et les plus récemment construits de Paris, le plus modeste de tous les asiles.

Là, il allait s'appartenir tout entier : ses ouvrages l'y attendaient pour qu'il pût enfin les revoir, les reviser, les améliorer encore et les mettre en rapport avec les programmes, comme il le leur avait promis ainsi qu'au public ; mais il ne leur tint pas parole. La théorie des nombres l'emporta, et malgré les promesses qu'il renouvelait mentalement, de temps à autre, à sa Géométrie, à son Arithmétique et à son Algèbre, il resta dans les liens de la science qui exerçait depuis si longtemps une séduction si impérieuse et si absolue sur son esprit. Dès lors, il se donna presque tout entier aux *Nouvelles annales de mathématiques*. Sa vie ne connut plus désormais que le travail, mais un travail sans trève, sans intermittence, interrompu tout au plus deux ou trois fois par jour pour prendre au restaurant voisin, en compagnie de quelques habitués solitaires du quartier, un véritable repas d'anachorète. Un régime pareil ne pouvait le soutenir ni le garantir du retour de sa maladie ; elle revint, plus forte de son délabrement, de son âge et de sa faiblesse. Il ne lui suffisait plus de souffrir : pour continuer à vivre, il lui fallait se débarrasser du mal. Il alla courageusement à l'homme de l'art ; celui-ci le délivra de son ennemi, mais il ne put ni le rajeunir, ni le relever de son épuisement. A cette lutte suprême qui avait si malheureusement touché en lui aux ressorts de la vie et les avait affaiblis, se joignait la réaction d'une crise économique qui avait englouti son épargne, dans l'effondrement de compagnies financières auxquelles il en avait confié le dépôt. Le philosophe accepta l'épreuve sans se décourager et sans se plaindre ; mais le père s'en affligea profondément et il eut beau se taire, il ne put cacher qu'il en gémissait. Sa fille alla à lui, il céda : il vint s'asseoir à son foyer et l'on se réunit pour mieux vivre, au moins en vivant plus tranquilles. Les soins furent tendres, assidus, dévoués ; mais ils ne purent renouveler la vie dans le corps si frêle dont, jour par jour, heure par heure, elle s'échappait.

Il avait voulu que sa fille, quand il viendrait, ne lui cachât pas l'instant suprême : elle lui parla de Dieu ; de lui-même il demanda le prêtre : il vint, le vieillard l'accueillit avec satisfaction, l'entretint sans hésiter et l'écouta avec confiance. Il se mit entre ses mains et voulut qu'il revînt : le consolateur ne tarda pas à se présenter ; le malade lui tendit la main et, ne pouvant plus lui parler, l'attira à lui pour mieux l'entendre et témoigna par ses regards, par ses signes et par quelques paroles qu'il put encore prononcer, de sa foi, de ses espérances et de sa résignation. Il allait donc finir ; Dieu lui épargna l'agonie : le père, le chrétien et l'homme de bien porta un dernier regard sur ses enfants et s'éteignit doucement dans leurs bras (1).

Ainsi se termina cette longue et généreuse vie : du commencement à la fin, elle fut éprouvée par de grandes peines, remplie par le travail, féconde en toute sorte de biens et honorée par l'estime et l'affection des honnêtes gens. L'homme excellent dont nous retraçons l'existence, ne connut guère d'applaudissements que ceux qu'il ménageait aux autres, et de succès que ceux qui n'entourent d'auréole ni une tête, ni un nom ; du moins, il put goûter plei-

(1) Le 26 août 1884.

nement l'austère satisfaction d'être utile, et glorifier le talent par la vertu, en faisant porter à la science les fruits de la charité. C'est un rôle que les plus ambitieux pourraient envier à Eugène Lionnet. Dieu l'avait créé pour le remplir. En lui le fils, le frère, l'époux, le père, le savant, le maître, l'ami, l'homme tout entier attire, et qu'on me laisse ajouter, sans qu'on ose m'accuser d'exagération, honore notre pays et l'humanité par une haute intelligence, un noble cœur, une volonté forte, une touchante simplicité, un rare et ferme talent. On s'accommodait de tout dans son caractère, de ses précieuses qualités et, le dirai-je, de ses singulières imperfections. De sa nature, Eugène Lionnet était doux, calme, patient, d'une humeur toujours égale, d'un sang-froid imperturbable : sa bonté était inépuisable, son obligeance était sans bornes. Dans l'enceinte de sa classe, comme au sein de sa famille, ou dans les contacts des relations sociales, en tout temps, vous le voyiez partout le même ; soit qu'il enseignât, soit qu'il se laissât aller avec les siens ou avec ses amis aux libres entretiens de la vie intérieure, vous étiez sûr de rencontrer chez lui la même placidité de ton, de cœur et d'esprit. Nul ne mit une simplicité plus déférente et plus digne dans ses relations avec ses supérieurs ; nul maître non plus ne fut d'un abord plus facile et plus ouvert avec ses inférieurs et avec ses élèves. Il venait à eux, le sourire sur les lèvres et ils l'y faisaient venir en allant à lui. Dans le cours des entretiens, il ne lui échappait pas un mouvement d'impatience, un mot, un geste qui sentit la brusquerie. Je ne crois pas qu'on ait jamais noté dans sa vie un mouvement de colère ; la contradiction la plus violente n'aurait pas provoqué chez lui l'ombre d'un mécontentement : les redites pouvaient le fatiguer, mais ne lui arrachaient ni une plainte, ni un reproche.

Je ne sais si jamais homme poussa plus loin le désintéressement et la générosité : sévère pour lui-même, indulgent pour les autres, en tout et avec tous, il poussait la justice jusqu'au scrupule ; ceux dont il aurait eu à se plaindre pouvaient le prendre pour juge ; il n'aurait pas sacrifié le moindre de leurs intérêts pour satisfaire une rancune ; il n'aurait rien sacrifié non plus, je ne dis pas des siens, mais de ceux de personne pour acquérir une faveur. Un caractère si honnête ne pouvait être que loyal et sincère ; jamais sa parole n'a connu le mensonge : comme il avait le cœur sur la main, il avait toujours la vérité sur les lèvres. Il ne lui serait pas venu à la pensée d'en retenir ou d'en dissimuler quelque chose : il la voulait tout entière et la donnait de même. On ne saurait dire qu'il avait foi en lui-même, mais je reconnaîtrai seulement qu'il avait confiance dans ses idées. Elles étaient toutes le fruit de la réflexion ; une fois qu'il les avait mûries, il y tenait et les défendait sans passion, mais avec une fermeté opiniâtre. Dans les matières qui ne tenaient pas aux mathématiques, elles semblaient aller jusqu'à l'entêtement : cela tenait à ce que, dans les choses contingentes de la vie, comme dans les choses plus nettes de la science, en semblant venir des principes, il allait toujours, par ses déductions, à l'absolu. Mais ces habitudes de dialectique ne l'empêchaient pas d'apporter parfois dans ses conversations familières une certaine dose de gaieté et, dans l'entrain d'une discussion, d'animer ses réparties d'un aimable enjouement.

Calme et réfléchi par nature, il avait fait de la méditation son état presque habituel. Comme tous les esprits que certaines facultés prédisposent à un emploi spécial de leur propre activité, il avait fini par se consacrer exclusivement à l'étude des mathématiques ou à leur enseignement. Elles étaient devenues sa préoccupation et le suivaient partout; il vivait nuit et jour avec elles, dans le domaine des abstractions; les questions qu'elles soulevaient, les problèmes qui en dérivaient l'obsédaient partout, l'isolaient dans le monde et y substituaient pour lui le travail au délassement. Absorbé comme Archimède et comme Poncelet, il était devenu distrait comme Lafontaine, comme Étienne et comme Ampère. De là des traits charmants, de piquantes méprises, des oublis incroyables qui lui arrivaient quelquefois, et dont il était le premier à sourire lorsqu'un choc quelconque, une parole, une rencontre le rappelaient à lui-même et le rendaient aux autres.

Il ne faut pas s'imaginer qu'au sein de ces absorptions mathématiques, Eugène Lionnet fût resté étranger aux grands problèmes de la vie humaine et du gouvernement des sociétés; il les avait intérieurement agités pour son propre compte: il croyait à Dieu, à sa personnalité, à sa providence et à l'autre vie; il croyait à sa souveraine intelligence, à sa souveraine bonté, à la spiritualité et à l'immortalité de l'âme humaine. Il ne comprenait pas l'athéisme et ne concevait pas qu'homme au monde pût en faire profession.

Le caractère surnaturel que la religion tient d'elle-même, sa pratique traditionnelle dans le sein de la famille et la part qu'elle prend dans l'éducation de l'enfant et de l'adolescent lui assuraient, à ses yeux, un grand empire sur l'esprit et sur le cœur de l'homme. On la pratiquait chez lui comme on l'avait pratiquée chez ses parents ; il entourait partout d'un profond respect ses manifestations : aussi n'en discutait-il jamais et n'aimait-il pas qu'on en discutât devant lui.

En politique, il était ami de la liberté, mais également ami de l'ordre ; il ne voulait pas de l'une et de l'autre pour lui seulement, il en voulait pour tout le monde et dans tous les ordres possibles d'intérêts. Il n'était sûr d'être libre que quand chacun l'était autant que lui-même. Il n'était pas indifférent à la forme des gouvernements, mais il tenait, avant tout, aux garanties qu'ils doivent offrir à tous les intérêts et à toutes les libertés. Sa plus grande douleur était de les voir parfois les méconnaitre et les dénier, et marcher vers les révolutions par le despotisme et la désaffection.

L'application continuelle de ses facultés à la recherche de la vérité, dans le domaine des sciences exactes, n'avait pas rendu Eugène Lionnet entièrement étranger aux jouissances que la littérature et l'art procurent par l'étude ou la contemplation de leurs œuvres ; il les goûtait en homme qui est organisé pour cela. Chez les écrivains, la force de la pensée et la sévérité de la forme, le naturel et la grâce de l'expression était ce qui allait le mieux à son esprit ; une prose bien ferme était assurée d'obtenir son suffrage ; mais il n'était pas moins sensible aux charmes de la poésie. De tous nos prosateurs, celui qui répondait le mieux aux dispositions d'un esprit comme le sien, c'était Pascal ; il ne faut pas s'en étonner : chez cet écrivain le penseur et le dialecticien sont si voisins du géomètre et du physicien qu'il ne pouvait, dans son admiration, séparer les uns des autres.

La Fontaine était son poète ; il l'avait étudié à fond et probablement appris par cœur ; je crois qu'il se le répétait souvent pour ne pas l'oublier : il le possédait donc tout entier ; mais il n'en était pas avare et en faisait part aux autres ; il mettait même à le leur réciter, de mémoire, un art et une finesse qui leur faisaient trouver, dans les fables qu'il choisissait avec un goût parfait, pour les leur offrir, des beautés et un charme que jusqu'alors tous n'avaient pas soupçonnés. Après avoir dit le poète d'une façon si attrayante, il le commentait et appliquait ses maximes aux événements de la vie pour les juger. La fable du Vieillard et des trois jeunes hommes revenait souvent dans ses entretiens ; il en tirait une bonne partie de sa philosophie et y trouvait un code de morale presque tout entier.

Mais jusqu'ici je n'ai montré dans Eugène Lionnet que le savant, le professeur et l'homme de bien devant le public ; je voudrais faire voir le père de famille à son foyer et parmi les siens. Là il connaissait aussi le travail sans relâche, celui du cabinet ; mais il remplissait les devoirs du père et trouvait, auprès de la sainte et digne compagne de sa vie, une belle-sœur qui était venue les aider tous deux à élever leurs enfants. Je n'entrerai pas dans le détail des soins qu'il concourait à leur donner ; je dirai seulement que jamais maison, jamais ménage, jamais famille ne furent mieux ordonnés; la sollicitude, la tendresse et le dévouement du père, comme de la mère, s'y sentaient en tout et à tous les instants. Le ton de l'un et de l'autre était toujours égal et doux; l'attitude, les allures et les démonstrations des enfants aussi pleines de soumission, de contentement et d'épanchement dans les pratiques attentives du travail quotidien que dans les vifs élans de la plus grande liberté. On n'entendait ni un commandement ni un reproche ; chaque chose y allait d'elle-même et allait bien, sans réprimandes et sans châtiments ; les progrès étaient grands et rapides, on les louait en s'en montrant satisfait. L'affection venait des deux côtés. Ses témoignages ne se comptaient point et ne se prodiguaient pas. Le contentement brillait sur toutes les figures et le père heureux accompagnait le professeur presque joyeusement à ses leçons. Mais cette joie qui régnait sans bruit dans cet intérieur modeste a été mêlée de bien des deuils : on ne pourrait dire à quelle époque ils ne sont pas venus le désoler. Eugène Lionnet a perdu successivement deux filles et un fils, jeune homme doué des plus heureuses facultés, qu'il avait élevé pour l'armée. Il y était entré par l'École de Saint-Cyr et donné dans ses premières années de service les plus brillantes espérances. Parvenu à l'âge de vingt-sept ans, il était déjà capitaine, commandait un bureau arabe en Afrique et y mourut épuisé par les fièvres paludéennes.

La femme excellente qui s'était étudiée à vivre pour lui et était devenue ainsi plus que la moitié de sa vie, lui a été ravie par un mal impitoyable dans sa cinquante-sixième année; enfin il perdit presque au même âge la belle-sœur qui l'avait remplacée par ses prévenances, par son affection et par son dévouement. Dans cette maison, autrefois si pleine d'enfants, il ne restait plus qu'une dernière fille qui avait hérité de la tâche de toutes deux et était, à force d'attentions délicates et d'ingénieux dévouement, capable de la remplir auprès de lui. Une inclination, qui se rencontrait ici avec les convenances, l'unit au fils de ce frère qu'Eugène Lionnet avait envoyé à l'École polytechnique, et lui reconstitua une famille. Un fils est né de cette union ; il est fait pour relever toutes les anciennes promesses et réaliser toutes les espérances. De ces rejets qui se sont croisés, en poussant sur la vieille et solide souche, est donc sorti un rejet nouveau qui la fait revivre. Les deux générations qui se sont successivement élevées sur ce tronc vigoureux en ont retenu une sève qui porte en elle-même tous les germes du talent. La première a déjà donné des deux côtés des fruits que les Lettres ont recueillis et dont elles se sont honorées. Cette génération élève celle qui la suit pour dignement remplacer celle qui vient de s'éteindre.

Eugène Lionnet ne les avait pas oubliées en se donnant corps et âme à l'Association philotechnique ; il avait, de longue main, amassé, jour par jour, pour elles, en s'imposant la plus sévère économie, une épargne qui aurait assuré à ses enfants une honnête et suffisante aisance. Nous avons vu comment un désastre financier avait trompé la prévoyance du père de famille, et déconcerté les calculs de son cœur et de sa raison pour assurer l'avenir de sa fille, de son gendre et de son petit-fils.

Ils n'ont heureusement fait qu'entrevoir le malheur

dont ils étaient menacés. Des hommes qui portent le cœur aussi haut que le talent, qui appartiennent depuis longtemps à l'Association philotechnique et qui l'ont habilement gouvernée, se sont entremis en son nom, avec toute la chaleur d'une généreuse sympathie et toute la persévérance d'un infatigable dévouement; l'État les a écoutés; par des mesures dont il faut l'honorer, il a mis une famille, si digne d'intérêt, à l'abri de l'inquiétude et du souci. L'Académie française qui a vu, dans cet humble logis d'Eugène Lionnet, à côté de son gendre laborieux, quoique devenu infirme, les œuvres du talent, écloses du sein même de la gêne pour inspirer le goût de la vertu, a joint, de haut, à cette assistance officielle, plus qu'une obole, une couronne.

L'Association philotechnique a donc été digne d'elle-même et de son fondateur; elle a songé à sa famille avec sollicitude; à lui, elle a érigé sur sa tombe un monument dans lequel l'art, tout en restant simple, s'est montré l'interprète fidèle de la reconnaissance qui lui avait demandé de parler pour elle : l'immense concours des élèves du maître et des obligés du bienfaiteur a entouré ce glorieux souvenir pour en faire hommage à sa mémoire. Les nobles paroles de l'un des hommes les plus éloquents de nos jours l'ont dignement inauguré. Je m'imagine qu'elles ont un instant réveillé le Vieillard qui dormait sous cette tombe : sa pensée (pourquoi n'est-ce pas sa parole?) est allée aux cœurs émus de ces amis de tous les temps, de tous les âges, de tous les pays, de tous les rangs et de toutes les fortunes; sa gratitude a répondu à la leur et, touché de ce qu'on se fût souvenu de lui, le père et l'aïeul, qui s'était éteint dans de si amers et de si douloureux soucis pour les siens, a conçu l'espérance qu'ils ne seraient pas non plus oubliés. Il a ainsi renouvelé le testament d'Eudamydas : comme lui, il a légué sa famille à ses amis les plus chers. L'Association philotechnique avait, d'avance, accepté ce legs posthume, et déjà, par ses représentants les plus élevés, elle a mis son honneur et sa satisfaction la plus vive à l'exécuter.

6730 — Paris. Imprimerie A. L. Guillot et A. Julien, 7, rue des Canettes.

www.ingramcontent.com/pod-product-compliance
Ingram Content Group UK Ltd.
Pitfield, Milton Keynes, MK11 3LW, UK
UKHW021958260726
13994UKWH00004B/1817